Architecture Melanges

an 11.e

1	L'Éléphant Triomphal	Ribart	1788
2	Sur la Ville de Reims	Maithey	1775
3	Le Danger des Regles dans les Arts	Faillasson	1785
4	Sur la Madelaine	Dublin	1782
5	Compte au Roy	Vangeviller	1789
6	Palais National	Rousseau	1790
7	Perspective	La Fure	1790
8	Sur Lacius par Ordre du	Comité de Salut public an 3.e	
9	L'éducation Virile	Riviera	1776
10	Catalogue des Estampes du Musée	an	7.e
11	Restauration des Tableaux du Musée	an	6.e
12	Vers a M.r West	an	11.e
13	Antiquités de Treves gravé	Peyre an	5
14	Sur les Maisons incendiées	Peyre an	5
15	Machines Contre les incendies	Matthieu an	5
16	Fontaines	Touronde	1778
17	foyers Salubres	Desarnold	1780
18	Sur les Carrieres	Guillaumot	1789
19	Sur les Goblins	Guillaumot an	9.
20	Projets Municipaux	Goulet an	9.
21	Sur les Prisons	Grand pré an	4.
22	L'art des Arpenteurs		1788
23	Navigation intérieure	Neuchateau an	7.e
24	Canal de Navigation	Brulée	1791
25	Sur les Eaux	Perronnet	1775
26	Machine de Marly	Prony an	3.
27	Pompe A feu	Perrier an	1791

Voyez de la part

Ciment   par d'Etienne

Théâtre   par Bonnel

Monuments   par Poyet

L'ÉLÉPHANT TRIOMPHAL.

GRAND KIOSQUE

A LA GLOIRE DU ROI.

Par M. RIBART, Ingénieur, & Membre de l'Académie des Sciences & Belles-Lettres de Beziers.

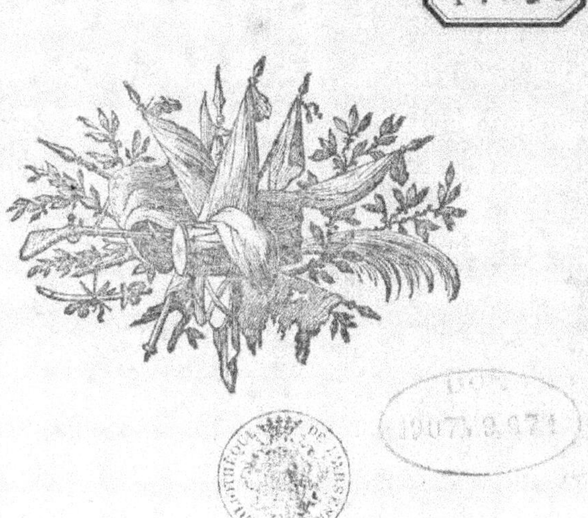

A PARIS,

Chez P. PATTE, Architecte & Graveur, rue des Noyers, la sixième porte cochère à droite, en entrant par la rue S. Jacques.

M. DCC. LVIII.

AVEC APPROBATION ET PERMISSION.

PRÉFACE DU GRAVEUR.

Entre les efforts de génie que nos premiers Artistes ont faits à l'envi pour placer dignement la figure de notre auguste Monarque, il n'a peut-être été proposé aucun projet aussi extraordinaire que celui que je donne au Public. Ces sortes de pensées, qui semblent sortir de la sphère des idées communes, ne sont pas sans exemple dans l'antiquité: & peut-être, pour se familiariser avec celle dont il est ici question, & pour mettre le Lecteur dans le point de vue convenable pour l'apprécier, ne sera-t-il point inutile de lui en rappeller quelques-unes.

L'architecte Dinocrate vint un jour trouver Alexandre le Grand au milieu de ses conquêtes. » Je viens vous apporter, lui dit-il, grand Prince, des pensées dignes « de vous. Je prétends tailler le mont Athos, & lui donner une figure qui vous res- « semble ; & qui, portant sa tête dans les nues, tienne dans une de ses mains une « coupe qui reçoive les eaux de tous les fleuves qui découlent de cette montagne, « pour les verser dans la mer ; & dans l'autre une ville assez grande pour dix mille « habitans «. Ce projet, dont Alexandre, qui le sçavoit d'ailleurs possible, ne fut dé- tourné que par la seule considération de la peine que la ville auroit eu à subsister, a été réellement exécuté dans la Chine, dans la Province de Suchuen, près de la capitale Chunking, au bord de la rivière Fu. Le P. Martin assure, dans ses Voyages, que la grandeur de la figure est telle, qu'il a pu distinguer de deux lieues la bouche, les yeux, le nez, & les oreilles.

Une autre pensée, qui n'est pas moins merveilleuse, est le fameux Colosse qui fut élevé à l'entrée du Port de Rhodes, pour y servir de Phare. C'étoit une figure de bronze dédiée au Soleil, & si colossale que ses deux jambes, posées aux deux côtés du Port, laissoient entr'elles aux Vaisseaux un passage assez grand & assez haut pour y entrer à pleines voiles. La grosseur de son pouce étoit telle, que peu de per-

A ij

sonnes le pouvoient embrasser. On parvenoit à allumer le fanal, que tenoit dans sa main droite cette figure démesurée, par des escaliers construits en pierre, & pratiqués dans ses jambes; lesquels escaliers, selon Pline, servoient de contre-poids à la figure.

Sans faire aucune comparaison entre ces deux pensées & celle de notre Auteur, on laisse aux personnes, que le goût éclaire, à juger du mérite de sa composition. Quant à sa construction, ceux qui n'envisagent que les routines communes auront peut-être de la peine à convenir de sa possibilité : mais l'Auteur espère, dans un petit ouvrage qui n'est pas moins singulier que celui-ci, & qui le suivra de près, convaincre qu'en n'épargnant point la dépense, & qu'en alliant avec intelligence la pierre, la brique, le bronze, le bois & le fer, il est très-possible de parvenir à une entière exécution. La pensée de Dinocrate, le Colosse de Rhodes, ces Temples monolites des Egyptiens dont parle l'Histoire; enfin, de nos jours, le Canal du Languedoc, cette entreprise plus qu'humaine, étoient d'une toute autre difficulté que ce projet-ci; & leur exécution a fait voir que ce n'est qu'en s'affranchissant des règles vulgaires, qu'on atteint au grand, au sublime, & jamais par l'imitation.

PRÉLIMINAIRE.

J'ai composé ce Kiosque à la gloire du Roi, pour être placé sur une montagne, en face d'un de ses Palais*, & y terminer agréablement la vue. Sa forme extérieure est prise dans la nature; elle représente un Eléphant au retour d'une conquête, richement harnaché, chargé des dépouilles de nos ennemis, & portant sur une espèce de tour antique ou pié-d'estal la figure de Sa Majesté. Tout y paroît vivant: il ne semble même arrêté que pour se désaltérer à une fontaine, qui fait avec lui la tête d'une riche cascade. Il est posé sur une terrasse percée de toutes parts par des galeries sur le devant; & au milieu de laquelle se trouve un grand escalier simple, dont les murs sont ornés de bas-reliefs & de trophées. Cet escalier va se raccorder avec un autre à trois rampes, où règne un ordre corinthien, dont la voûte est fermée par une treille couverte de feuillages, & chargée de raisins artistement travaillés.

Ces escaliers ainsi décorés conduisent, à travers d'un rocher brute, dans le corps du colosse, distribué par nombre de pièces aussi régulières, aussi commodes & aussi bien éclairées que si elles appartenoient à un édifice ordinaire: ces pièces sont tellement disposées, qu'elles réunissent d'une manière agréable tout ce qui concerne les amusemens, les fêtes & les plaisirs. Le premier appartement qui se rencontre est vers le poitrail; il est construit & divisé pour l'usage des bains; le second, qui lui est opposé, est destiné aux cuisines & aux offices: il y en a d'autres où l'on trouve chambre, antichambre & garderobe.

Au dessus de ce premier étage sur le devant, entre les épaules, est une salle très-spacieuse avec trois cabinets, dont celui du milieu qui est dans la tête, & qui fait amphithéâtre, a pour objet un trône superbe & fort élevé: cet endroit convient, on ne peut pas mieux, pour l'administration de la justice, pour tenir des assemblées, & pour donner des concerts, des bals, & d'autres fêtes. Plus haut, dans les côtés, sont des logemens complets destinés au repos. Dans la croupe, est une salle à manger, ornée par des sculptures & des peintures mariées ensemble, de façon qu'elle ressemble au rendez-vous sauvage d'une forêt; les jours n'y donnent que par reflets, à travers les feuilles & les branches d'une infinité d'arbres & d'arbustes; un ruisseau y sort avec impétuosité du fond d'une roche; &, après avoir formé plusieurs détours, l'eau, qui paroît fuir dans un lointain, se distribue pour les offices & les bains, d'où elle s'échappe par la trompe de l'animal, comme par une espèce de syphon, pour fournir à la fontaine extérieure. Mais, pour revenir à ma salle, l'on y entend des concerts d'oiseaux; l'on y est servi par machines; l'on y trouve enfin toutes ses aises, sans, pour ainsi dire, en sçavoir la cause; en un mot, elle ressemble à ces lieux enchantés que décrit la fable.

Sur la voûte de l'escalier qui conduit à toutes ces pièces, & en partie dans la tour ou pié-d'estal, est un joli sallon à l'Italienne, très-clair, ménagé pour le jeu, où l'on monte par

---

* J'ai eu en vue principalement, en projettant ce monument, de le placer au milieu des Champs Elisées, sur cette montagne qui termine la vue des Thuilleries, en élargissant pour cela la plateforme de l'Etoile.

des degrés perdus dans des rochers, & dans les arbres qui décorent la salle à manger dont je viens de parler. Vis-à-vis la porte d'entrée de ce sallon, est un petit escalier par où l'on arrive sur le dos de l'Eléphant ; où, comme sur une terrasse, l'on peut aller à la découverte, & se promener sans crainte.

Par dessus tout cela, dans le corps & les aîles des lions qui font le marche-pied du Roi, est enfin un petit cabinet parabolique servant à différens usages, & sur-tout à un écho artificiel. On y parvient par des chevilles d'airain liées & attachées dans un trophée adossé à la tour, qui sert de pié-d'estal.

Pour rendre cet édifice plus merveilleux : comme les oreilles de l'Eléphant répondent positivement sur l'orquestre dans la salle de bal, j'y ai ménagé des ouvertures, afin d'y placer des cornets ou porte-voix, qui porteroient dans l'occasion au loin dans la campagne le son des instrumens. De plus, il ne seroit pas impossible de placer, soit aux environs du pié-d'estal, soit en différens endroits de cet édifice, quelques Renommées avec des trompettes, dont les plis des draperies pourroient être disposées de manière que le moindre vent, en s'y engageant, leur feroit jouer naturellement quelques airs ou fanfares, qui varieroient suivant le côté d'où le vent pourroit souffler.

L'explication particulière de chaque Planche developpera davantage ce que je ne viens que d'exposer sommairement.

EXPLICATIONS DES PLANCHES.

La Premiere Planche exprime le Plan général de l'Eléphant triomphal, avec ses jardins.

1. Terrasse servant de base à l'Eléphant.

2. Cour d'entrée, entourée de péristiles terminés par deux pavillons, dans laquelle on voit la cuve d'airain, ou le premier réservoir.

3 & 4. Cascade en six grandes pièces qui, outre les nappes découpées en tous sens, & diversifiées par des jets de toute espèce, forment des voûtes, des arcades, des colonnes torses, des éventails, des spirales mobiles, des couronnes, des coupes, des champignons, des chiffres, des moulins d'eau tournant, &c.

5. Bassins, avec leurs figures.

6. Pièces d'eau ornées de broderies de diverses couleurs.

7. Première terrasse, avec ses grands escaliers.

8. Grand canal en T.

9. Fer à cheval, avec une grotte au milieu.

10. Marécage où l'on a pratiqué un parterre, avec des compartimens d'eau.

La Planche II représente la vue perspective de l'Eléphant triomphal, à l'aide de laquelle on peut juger facilement de l'effet de ses jets d'eau, cascades, & autres accompagnemens.

La Planche III est l'élévation de l'Eléphant, vu de côté.

1. Statue pédestre de Sa Majesté.

2. Deux lions ailés, qui lui forment un marche-pied.

3. Pié-d'estal servant de base à la figure de S. M. & dont le tympan est fermé par un vitrage de glace.

4. Conducteur de l'animal.

5. Esclaves enchaînés sur la croupe de l'Eléphant.

6. Housse ou couverture de lapis, ou de jaspe, avec des filagrames d'or, dont le fond est une grande croisée remplie de glaces découpées par un bas-relief de bronze.

7. Grand médaillon, dont le fond est un vitrage.

8. Ornement de tête en forme de chamfrein, appellé *frontal*, au milieu duquel, sur une glace, est en grosses lettres de relief pour inscription *Fortis in Bello*.

9. Ornemens de croupe, faits ainsi que les autres en bronze doré, sous lesquels sont pratiqués différens jours avec des glaces.

10. Autres jours pratiqués dans les ornemens inférieurs.

11. Trou de l'oreille ménagé, pour laisser sortir au dehors le bruit & les sons intérieurs.

12. Le poitrail, chargé en son milieu de broderie, & d'un cadran sur des glaces.

13. Cloche d'argent.

14. Grosses chaînes, dont les lacs encastrent des glaces, & dont les hauts sont croisées.

15. Rocher couvert de pampres & d'arbustes naturels, fait, pour raison de solidité, immédiatement sous la tour ou pié-d'estal : & où sont faits des jours irrégulièrement.

16. Porte, sur le devant du rocher.

17. Terrasse décorée sur les côtés par un ordre toscan rustique, en tronc d'arbres, selon que l'indique l'origine de l'Architecture.

18. Coquilles soutenues par des Nymphes, formant une fontaine où l'Eléphant semble venir pour boire.

19. Cour d'entrée entourée de galleries couvertes.

20. Grande cuve d'airain placée pour recevoir les eaux de la Fontaine.

La Planche IV exprime les Plans des différens étages du bâtiment.

Dans le Plan du second étage, on voit la salle à manger 1, dite *la forêt enchantée*, dont (*a*) marque la porte d'entrée ; (*b*) deux petits degrés perdus qui se réunissent sur un même palier ; (*c*) le buffet ou rocher, du fond duquel sort une fontaine ; (*d*) fenêtres ou jours, prolongés obliquement, & cachés dans l'intérieur de la salle ; (*e*) enfoncement pour des poëles secrets ; (*f*) table sortant du plancher au premier signal, & disparoissant de même, après avoir présenté autant de services que l'on en veut ; laquelle table est accompagnée de quatre petits buffets ou serviteurs, & de chaises, & de fauteuils mobiles.

2. Différens appartemens.

3. Salle du Trône, de Bal ou d'assemblée, destinée pour les fêtes, & où l'on entre par les portes marquées (*a*) ; (*b*) désigne un balcon posé sur une niche ; (*c*) deux socles où sont posés des Atlas qui soutiennent les deux grands yeux de bœuf qui éclairent la salle. (*d*) Le degré ou l'amphithéâtre, & (*e*) les deux dégagemens.

4. Le cabinet du trône, servant pour le buffet dans les bals.

5. Grand escalier à trois rampes, laissant sur un même plein-pied la salle à manger, & le balcon de la salle de bal.

Plan du premier étage. 6, 7 & 8. Couvert ou surtout, cuisine & office.

9. Différens appartemens destinés au repos.

10, 11 & 12. Salle des Bains, chambre & étuve ; ces trois pièces sont éclairées par le poitrail. (*a*) Grand bassin, ou cuve des bains ; (*b*) baignoires.

13. Grand escalier.

Plan de la moitié de la terrasse. 14. Massif sur lequel est posé l'Eléphant.

15. Grand escalier à trois rampes, pris dans le massif, & montant dans l'animal.

16. Autre escalier simple racordé au précédent, pris aussi dans le massif.

17. Gros pilliers soutenant les voûtes.

18. Galleries sous la terrasse.

19. Degrés pour descendre dans la cour d'entrée.

20. Partie de la cuve d'airain.

21. Grand Fer à cheval pour descendre de dessus la terrasse au parterre d'eau.

La Planche V est le profil de l'Eléphant pris sur sa largeur.

1. Figure du Roi vue par derrière.

2. Petit cabinet parabolique.

3. Pié-d'estal, où est prise toute la partie supérieure du sallon du Jeu.

4. Une des quatre croisées qui éclairent le sallon.

5. Fenêtres éclairant en faux jour le bas du même sallon.

6. Porte opposée à celle d'entrée, par où l'on passe pour monter sur l'animal.

7 & 8. Différens appartemens.

9. Coupe de l'escalier.

10. Coupe de la terrasse.

La Planche VI exprime le profil de l'édifice pris sur sa longueur.

1. La salle à manger représentant le centre d'une grande forêt, ayant pour colomnes des arbres de plein relief, plantés irrégulièrement, couvrant de leurs branches toute la voûte, & paroissant ombrager le lieu, & y apporter un grand frais. Les murs en sont remplis d'enfoncemens & de bossages travaillés au ciseau, recouverts par des peintures, afin de mieux imiter la nature: des rochers couverts de pampres & d'arbrisseaux y laissent voir des percés & des paysages éloignés. La lumière du jour n'y donne que par reflets, & ainsi ne fatigue point la vue, comme dans la plupart des appartemens ordinaires: enfin le parquet, composé avec des bois de couleur, fait unité avec le tout.

En face de la porte, est un grand buffet en forme de roche, du fond de laquelle sort un ruisseau qui fait plusieurs détours, & qui ne sortant qu'après plusieurs chûtes, contribue beaucoup à augmenter la fraîcheur de la salle; plusieurs oiseaux aquatiques y donnent de l'eau par le bec, en guise de robinets. On y entretiendra aisément une température égale, au moyen de ces eaux & de deux poëles secrets. Une table, des chaises, des fauteuils, des buffets, & mille autres ustenciles, y sortiront du plancher & des murs. La table présentera alternativement autant de services que l'on en pourra desirer; & les buffets, comme des serviteurs, iront chercher & apporteront toutes les petites nécessités; ce qui

s'indiquera par des notes & des touches.

2. Petit cabinet parabolique.

3. Sallon du jeu, où l'on monte par un petit escalier qui répond à la salle à manger: cette pièce est décorée de guirlandes & de fleurs, & annonce le Printems.

4. Escalier dont la voûte est décorée d'une treille artificielle avec ses raisins.

5. La grande salle de Bal, ornée d'un ordre composé & de figures grotesques: & comme dans les grands ovales qui éclairent cette salle seront des pendules représentant les mouvemens célestes; d'un côté le temps présent & avenir y sera dépeint, & de l'autre le passé. L'Atlas inférieur, les colomnes collatérales & les figures qui couronnent cette croisée, sont à ce dessein.

6. Petit cabinet propre au buffet, avec ses dégagemens, au devant duquel est l'amphithéâtre, & qui reçoit son jour par le frontal.

7. Cabinet des machines pour la salle à manger.

8. Salle des bains éclairée par le poitrail. Là est un grand réservoir de marbre avec plusieurs degrés; le fond duquel est une mosaïque représentant des poissons de toute espèce; quatre baignoires sous des baldaquins feront les quatre coins, & recevront les eaux froides & chaudes venant des cuisines & offices.

9. Espece de syphon placé dans la trompe pour rejetter les eaux du réservoir ou receptacle des bains, & ainsi commencer la cascade.

10. Escalier qui conduit de la cour d'entrée au grand escalier, & sur la terrasse.

11. Cour d'entrée, avec la cuve d'airain.

Planche VII. Le Kiosque précédent étant, par sa colossalité, un ouvrage de Roi, j'ai jugé convenable de proposer un Plan moins vaste, & à la portée des personnes qui pourroient desirer de faire élever un édifice dans ce genre pour leur amusement. Dans des mesures bien différentes, ce dernier plan conserve les mêmes avantages, les mêmes distributions, & les mêmes commodités. Comme l'extérieur & les coupes, à la proportion près, ne seroient qu'une répétition de l'autre, j'ai pensé qu'une seule Planche, sans autre explication, pouvoit suffire.

Par la suite, je donnerai la coupe des pierres de ces sortes d'édifices, & des desseins de ceintres nécessaires pour leur construction.

On trouve dans le même Magasin, en Livres & Estampes nouvelles d'Architecture, les Détails des proportions générales, des profils, des différens ornemens, & de la construction du Péristile du Louvre, cotés avec la plus grande exactitude, & développés de manière à donner une connoissance parfaite de cet édifice: Vol. in-quarto, grand papier, avec un discours,   6 liv.

Les Perspectives de Piranese, à l'usage des boëtes d'Optique, en 6 Planches,   4 l. 10 f.

Quatre différentes suites de distributions & décorations de Maisons de plaisance, avec leurs jardins, en 16 Planches,   9 l. 12 f.

Le Temple de Vénus, & l'Amphithéâtre de la Ville d'Herculanum, ensemble,   3 l.

Nouvelle édition des Œuvres d'Architecture de M. Bossrand, 30 l. *sur le papier Raisin; & sur le Nom de Jesus,*   36 l.

La Place de Louis XV au Pont Tournant, par M. Gabriel, premier Architecte du Roi,   15 l.

J'ai lu ce Mémoire sur l'Architecture singulière d'un Eléphant triomphal à la gloire du Roi, & je n'y ai rien trouvé qui puisse en empêcher l'impression. A Paris, le 3 Février 1758. CAMUS, Secrétaire de l'Académie Royale d'Architecture.

Vu l'Approbation, permis d'imprimer, à la charge d'enregistrement à la Chambre Syndicale, le 3 Février 1758. BERTIN. Registré sur le livre de la Communauté des Libraires & Imprimeurs de Paris, N°. 3744, conformément aux Réglemens, & notamment à l'Arrêt du Conseil du 10 Juillet 1745. A Paris, le 19 Février 1758. P. G. Le Mercier, Syndic.

De l'Imprimerie de MOREAU, rue Galande. 1758.

Plan général de l'Elephant Triomphal avec ses Jardins.

Vuë Perspective de l'Elephant Triomphal avec ses Jardins, Cascades, Jets d'eaux &c.

Elévation de l'Elephant Triomphal vû de côté.

Plan du 2.ᵉ Etage.

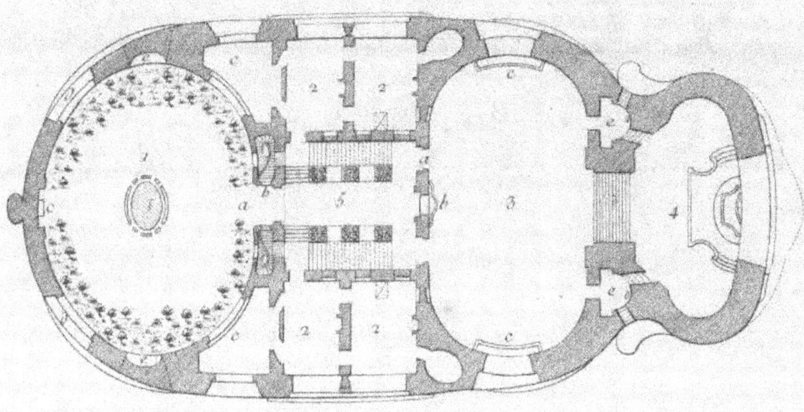

Plan du premier Etage.

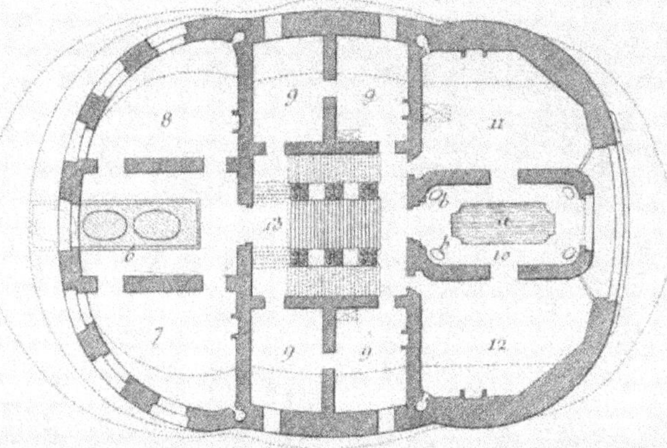

Moitié du Plan de la Terrasse.

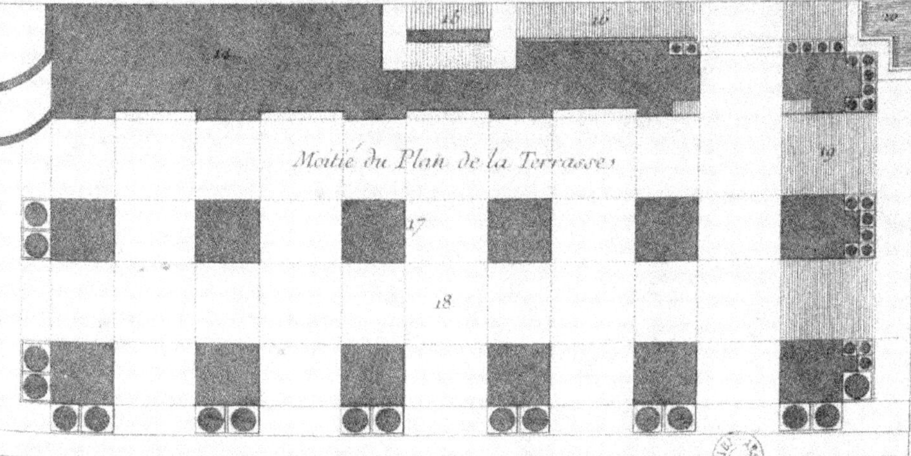

Echelle de   5   10   15   20. Toises

Profil de l'Edifice sur la largeur.

Profil de l'Edifice sur la longueur.

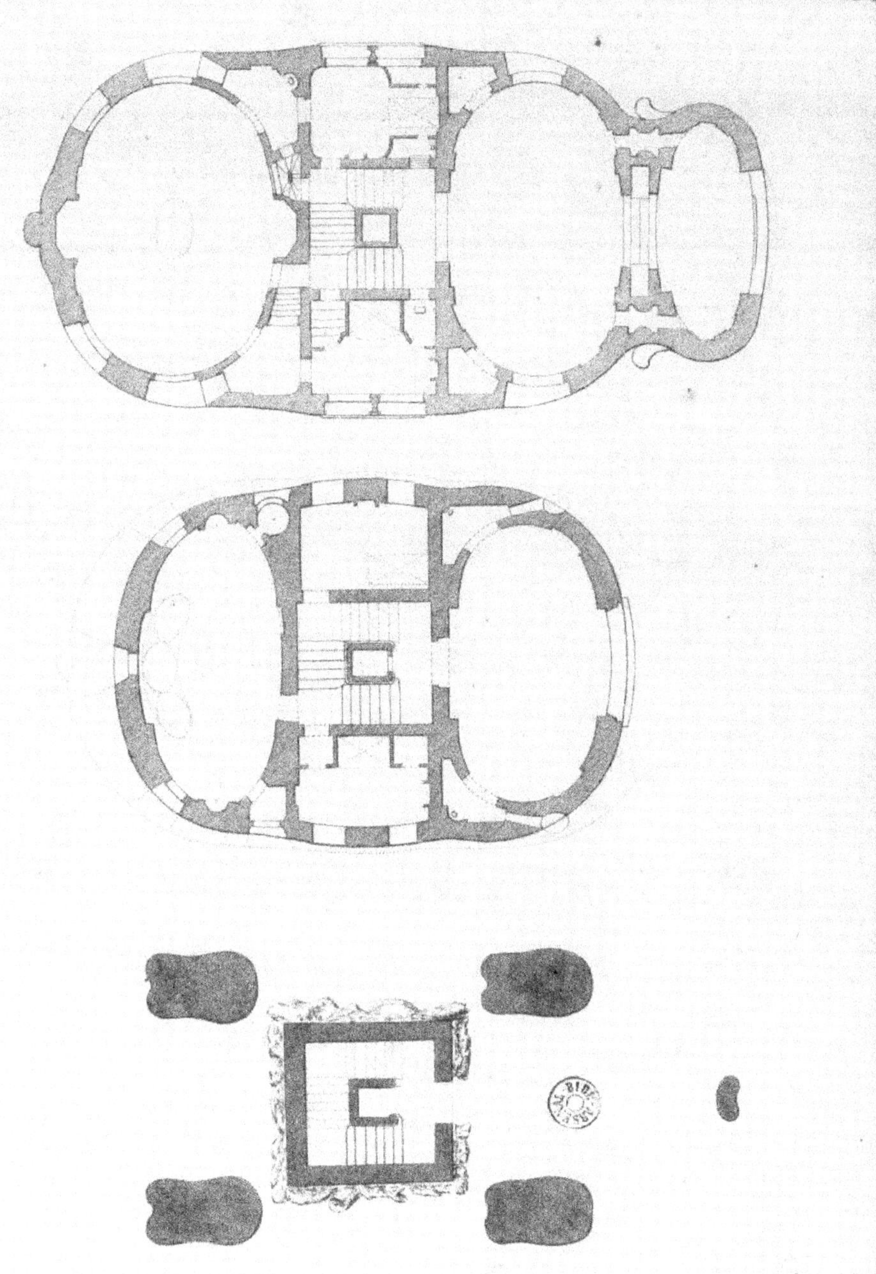

Pl. VII.
Echelle de   4   8   12. Toises.